Inhalt

Outsourcing in der Beschaffung

Kernthesen

Beitrag

Fallbeispiele

Weiterführende Literatur

Impressum

Outsourcing in der Beschaffung

I.Zeilhofer-Ficker

Kernthesen

- Diverse Studien belegen, dass der Trend zum Outsourcing von Beschaffungsprozessen, vor allem zum Business Process Outsourcing, ungebrochen ist.
- Laut Studie des BME planen 39 % aller im deutschsprachigen Raum befragten Unternehmen Outsourcing-Maßnahmen in den nächsten 3 Jahren.
- Doch Berichte über gescheiterte Outsourcing-Projekte vergrößern die schon häufig vorhandene Skepsis gegen die Auslagerung von Beschaffungsprozessen.
- Sorgfältige Planung, Vorbereitung und

Projektleitung sowie ein großes Maß an Vertrauen zwischen den Vertragspartnern sind für den Erfolg von Outsourcing unerlässlich.

Beitrag

Outsourcing in der Beschaffung: ja oder nein?

Was Einkäufer wollen - Studienergebnisse

Nach einer im Sommer 2003 von Accenture bei über 200 Einkaufsleitern in Europa und den USA durchgeführten Befragung wird das Outsourcing von Beschaffungsprozessen in den nächsten Jahren mit hohen Zuwachsraten rechnen können. Danach planen fast die Hälfte der Befragten Beschaffungsaktivitäten auszulagern. In den deutschsprachigen Ländern sind es zwar nur 39 %, damit aber immerhin ein Drittel mehr, als aktuell Outsourcing nutzen (26 %). (1), (www.bme.de)

Besonders Erfolg versprechend scheint das Auslagern

der Beschaffung von indirekten Materialien zu sein. Laut einer Studie von Siemens, SAP und der European School of Business (ESB Reutlingen) planen rund drei Viertel der deutschen Unternehmen Outsourcing-Aktivitäten für MROs. Denn hier lässt die Bündelung von Einkaufsaktivitäten noch sehr zu wünschen übrig und es erreichen zurzeit nur 9% der Unternehmen den optimalen Lieferanten-Bündelungsgrad von über 75 %. Als Gründe dafür werden hauptsächlich das Maverick Buying, also das Einkaufen von Mitarbeitern außerhalb von vertraglichen Liefervereinbarungen angesehen, sowie dezentrale Beschaffungsstrukturen. (2), (3), (7), (www.bme.de)

Gründe für das Auslagern von Beschaffungsprozessen

Eine Verbesserung der Einkaufskonditionen wird fast immer als wichtigster Grund für Outsourcing-Pläne in der Beschaffung genannt. Vor allem indirekte Materialien, also Produkte und Dienstleistungen, die nicht direkt in die Produktion einfließen, sind das Hauptziel für die Auslagerung an einen Dienstleister, da gerade für diese Teile das Maverick Buying blüht. Außerdem erwartet man von einem spezialisierten Dienstleister eine höhere Qualifikation, bessere

Lieferantenbeziehungen und daher im Endeffekt niedrigere Preise durch das Bündeln von Mengen. (4), (5), (6)

Häufig sammeln die Unternehmen ihre ersten Outsourcing-Erfahrungen mit dem Auslagern der IT-Beschaffung sowie der notwendigen Service-Leistungen wie Installation, Wartung, Software-Updates und Reparaturen. Der schnelle Technik-Wandel in diesem Bereich erfordert umfangreiche Ressourcen an Personal und Kapital, die durch Outsourcing verringert werden können. Kosteneinsparungen von um die 30 Prozent sollen allein dadurch erzielt werden können.

Die Auslagerung der Beschaffung für indirekte Materialien wie Büro- und Labormaterialien oder auch Ersatzteile und Arbeitsschutzmaterialien geht meist mit der Automatisierung der Bestellvorgänge einher. Externe Dienstleister stellen mit der Einkaufsleitung entsprechende elektronische Kataloge zusammen, mithilfe derer jeder Mitarbeiter je nach Berechtigung eine elektronische Bestellung auslösen kann. Die Vorteile sind zweifach: Die Mitarbeiter können nur Materialien von Lieferanten bestellen, mit denen entsprechende Verträge existieren und es werden Personalkosten gespart, da kein Einkaufsachbearbeiter involviert werden muss. Die Prozesskosten, die sich für einen normalen

Bestellvorgang auf rund 125 Euro belaufen, können so wesentlich reduziert werden. (5), (7)

Darüber hinaus lassen sich durch Outourcing strategisch wichtige Partnerschaften aufbauen, die nicht nur durch Kostenminimierung sondern auch durch die Nutzung von innovativen, modernen Beschaffungsprozessen einen Wettbewerbsvorteil schaffen. Vor allem beim Business Process Outsourcing, also der kompletten Auslagerung des Einkaufsprozesses von der Lieferantensuche über Vertragsverhandlungen und -abschluss über die Erstellung elektronischer Kataloge und die Bestellabwicklung bis zur Rechnungskontrolle erwartet man sich eine erhebliche Verbesserung des Lieferantenbündelungsgrades und der Einkaufskonditionen. Effizienzsteigerungen lassen sich so ohne eigene Investitionen in Personal oder Technologie erreichen. (4), (7), (9)

In bestimmten Bereichen bietet sich eine Kombination von Beschaffungsoutsourcing zusammen mit Logistikleistungen wie Lagerung und Transport an. Hier gibt es Beispiele für ein komplettes Beschaffungs-, Lager- und Lieferkonzept auch nach Kanban, das die absolute Just-in-Time-Lieferung von C-Teilen ohne aufwendige eigene Lagerhaltung ermöglicht. (8)

Was spricht dagegen

War das Auslagern vor allem von Produktionsprozessen und auch von IT-Dienstleistungen in den letzten Jahren geradezu "schick", so liest man in letzter Zeit vermehrt von Unternehmen, die ausgelagerte Prozesse komplett in den Betrieb zurückholen. Als Gründe werden hauptsächlich schlechter Service oder schlechte Qualität bei härtesten Vertragsbedingungen genannt. Nicht selten wurden versprochene Einsparungen nicht erreicht oder Kosten weit überschritten und die Vertragspartner gingen enttäuscht auseinander. (10)

Bei näherem Hinsehen sind die Gründe für das Scheitern von Outsourcing-Projekten leicht zu erkennen. Schlechte Planung, ungenügende Vorbereitung, fehlende Kontrolle und Management werden immer wieder genannt. Nicht selten erhofft sich ein Einkaufsleiter, dass er sich durch Auslagerung schnell und unproblematisch ein Problem vom Hals schaffen kann. Geschäftstüchtige Dienstleistungsunternehmen versprechen gern riesige Einsparungen bei geringstem Aufwand. In der Praxis stellt sich dann aber heraus, dass überstürzte, schlecht vorbereitete Projekte selten zum Erfolg führen. (10)

Einer anderer Hauptgrund, warum gerade in Deutschland noch recht zögerlich mit Fremdvergaben von administrativen Prozessen umgegangen wird, ist die Angst vor dem Kontrollverlust. Viele deutsche Unternehmen wollen sich nicht einfach "in die Bücher sehen" lassen. Eine Offenlegung von allen relevanten Daten wie Produkte, Volumina, Preise, etablierte Prozesse und mit dem Prozess beschäftigtes Personal ist aber unbedingt erforderlich, damit der Dienstleister ein realistisches Angebot abgeben kann. Nachträglich geäußerte Sonderwünsche oder Volumenänderungen bedeuten immer Nachverhandlungen und kosten meist zusätzliches Geld. (9), (11), (12)

Viele Projekte scheitern auch daran, dass der Auftraggeber der Meinung ist, mit der Implementierung der Outsourcing-Lösung sei für ihn die Arbeit erledigt. Wenn aber keine regelmäßige Erfolgskontrolle anhand vereinbarter Kennzahlen durchgeführt wird und die Vertragsparteien sich nicht regelmäßig über Änderungen, Probleme oder Erfolge austauschen, darf man sich nicht wundern, wenn das Resultat für beide Seiten unbefriedigend ist. (11), (12)

Wer also nicht bereit ist, Ressourcen für die Projektvorbereitung und das Projektmanagement freizustellen und alle Fakten offen auf den Tisch zu legen, sollte von einer Auslagerung von Geschäftsprozessen lieber absehen.

Erfolgreiche Outsourcing-Projekte durchführen

Erfolgreiche Auslagerungs-Projekte brauchen vor allem Zeit und Energie. Ziele, Möglichkeiten und Einsparpotenziale müssen analysiert und definiert werden. Eine ausreichende Pilotphase muss eingeplant werden, in der alle denkbaren Geschäftsvorfälle durchgespielt und getestet werden. Nach der Implementierung muss der Auftraggeber die Leistungen des Outsourcingpartners regelmäßig kontrollieren und auf (Service-) Verbesserungen hinwirken. [(11)](), [(12)]()

Da gerade bei kleineren und mittleren Unternehmen oft das nötige Know-How zur Durchführung von BPO-Projekten fehlt, sollte man sich nicht scheuen, entsprechende Beratung einzuholen.

Unerlässlich ist eine kompetente Projektleitung, die auch nach der Implementierung noch für das Controlling und die kontinuierliche Verbesserung des Prozesses sorgt und damit zum Aufbau einer stabilen, belastbaren und verlässlichen Geschäftsbeziehung beiträgt.

Die Projektleitung sorgt für die Erhebung und Analyse aller relevanten Daten und Informationen und definiert strategische Ziele des Projektes. Darauf folgt die Ausschreibungs- und Verhandlungsphase, in der die Möglichkeiten der potenziellen Vertragspartner sorgfältig geprüft werden sollten. Vor allem extrem niedrige oder hohe Angebote sollten hinterfragt werden, um Missverständnisse auszuschließen und später notwendige Nachverhandlungen zu vermeiden. Nach der Vergabe des Auftrages stellt die Projektleitung notwendiges Personal für die Pilotphase ab, innerhalb derer alle denkbaren Geschäftsvorfälle durchgespielt werden sollten. (11)

Darüber hinaus setzt erfolgreiches Outsourcing vor allem eines voraus: Vertrauen. Nur wenn beide Vertragspartner von Anfang an die Fakten auf den Tisch legen, können nachträgliche kostenintensive Änderungen und Anpassungen vermieden werden. Ein regelmäßiges Controlling durch ein kennzahlenbasiertes Reporting sowie regelmäßige Projektbesprechungen über Erfahrungen, Probleme oder auch gewünschte oder notwendige Änderungen ermöglichen den Aufbau einer Vertrauensbeziehung sowie eines kontinuierlichen Verbesserungsprozesses. Beide sind notwendig, damit die Geschäftsbeziehung langfristig zu entscheidenden strategischen Vorteilen für beide Vertragspartner führt. (11), (12), (13)

Fallbeispiele

Beispiele des Beschaffungs-Outsourcing

Ebenso wie die Automobilindustrie spielt auch die chemische Industrie eine Vorreiterrolle bei der Nutzung von innovativen Prozessen und Verfahren. Die Chemiefirma Covion Organic Semiconductors nutzt für die Materialbeschaffung den Dienstleister Chemfidence, der einen kompletten Online-Store für Covion und andere Kunden vorhält. Auf eine Einkaufsabteilung verzichtet man bei Covion ganz - in jeder Laboreinheit ist eine Person für die Materialbeschaffung zuständig, die bei Bedarf direkt im Online-Store eine elektronische Bestellung auslöst. Die Covion-Buchhaltung erhält von Chemfidence monatliche Sammelrechnungen aufgeschlüsselt nach Kostenstellen. Das Arbeiten mit einer Vielzahl von verschiedensten Lieferanten wird vermieden. (5)

Die Firma Würth Industrie Service GmbH & Co. ist für die Beschaffung und Just-in-time-Lieferung von C-Teilen im Kanban-System bei mittlerweile rund 8000 Kunden zuständig. Dazu führt Würth über 115 000 Artikel in seinem Zentrallager. Da die Umsätze kontinuierlich steigen, erwartet Würth, dass er sein Lieferprogramm bis 2010 auf rund 1 Mio. Artikel ausbauen wird. (8)

S-Einkauf steht für die Bündelung und das Outsourcing aller Einkaufsprozesse des Sparkassen- und Giroverbandes Hessen-Thüringen. Für die Belieferung von allen Sparkassenfillialen mit Gebrauchs-, Verbrauchs- und Investitionsgütern ist die extra dafür gegründete Sparkassen-Einkaufsgesellschaft (SEG) zuständig. Durch die Bedarfsbündelung können erstklassige Konditionen erzielt werden.

Auch die Deutsche Bank will den gesamten Einkauf an einen Dritten vergeben. Laut Presseberichten wird wahrscheinlich die Accenture GmbH den Zuschlag erhalten.

T-Systems hat sein Dienstleistungsprogramm auf das gesamte Business Process Management der Beschaffung und anderer Geschäftsprozesse ausgedehnt. (14) Weitere Anbieter sind Accenture, CSC, IBM/Price Waterhouse Coopers, KPMG,

SourceNetSolutions, Exult, AdminiStraight und SBS. (9), (10)

Outsourcing von IT-Dienstleistungen

Das Outsourcing von IT-Dienstleistungen war oftmals das erste Outsourcing-Projekt, mit dem sich ein Unternehmen beschäftigte. So auch bei der Schmidt-Bank AG, Hof. Die Bank vergab im letzten Jahr den gesamten IT-Beschaffungsprozess an die Firma CompuNet. Die Projektplanung und Implementierung wurde unterstützt von Beratern der Firma MANIC GmbH, die auch andere Restrukturierungsmaßnahmen der Schmidt Bank begleitete.

Demgegenüber wurde das laufende Pilotprojekt zwischen Daimler-Chrysler und Hewlett-Packard zur Auslagerung der gesamten IT-Beschaffung und den Betriebsservices gestoppt. Weltweit sollten innerhalb von 5 Jahren sämtliche PCs, immerhin 150 000 Rechner, durch HP-PCs vereinheitlicht und alle Serviceleistungen für den Betrieb von HP übernommen werden. Das Vertragsvolumen wird auf rund eine halbe Milliarde Euro beziffert. Nach wiederholten Schwierigkeiten in der Pilotphase laufen nun Verhandlungen zur Aufhebung des Vertrags. Vor allem die mangelhafte Projektleitung von Seiten HP wurde sehr bemängelt. (15)

Vendor Managed Inventory - auch eine "Outsourcing"-Möglichkeit

Eine ganz andere Art des Outsourcings stellt das Vendor Managed Inventory (VMI) dar. Hier wird dem Lieferanten Zugriff auf alle relevanten Lager-, Produktions- und Auftragsdaten gewährt, der daraus die notwendigen Liefermengen ableitet und für die termingetreue Zulieferung der benötigten Teile sorgt. Dieser vollautomatische Bestell- und Lieferprozess wird beispielsweise zwischen der FAG Kugelfischer und dem Großhändler Kistenpfennig praktiziert. Schon seit August 2002 läuft der Prozess, der ein hohes Maß an Vertrauen zwischen den Vertragspartnern voraussetzt, problemlos mit 150 verschienen Artikeln. (16)

Weiterführende Literatur

(1) Einkäufer wollen outsourcen
aus acquisa, Heft 12/2003, S. 11

(2) O. V., Studie: Externe Dienstleister für die Beschaffung, DVZ, Nr. 148, 11.12.2003
aus acquisa, Heft 12/2003, S. 11

(3) O. V., Studien mit Accenture und Siemens/SAP/ESB - Trend: Outsourcing, BA Beschaffung aktuell, Heft 12, 2003, S. 18
aus acquisa, Heft 12/2003, S. 11

(4) Schwab, Susanne / Knauer, Jens-Peter, 38. BME-Symposium Einkauf und Logistik in Berlin - Outsourcing wird fester Bestandteil des Einkaufs, Industrieanzeiger, Heft 48, 2003, S. 64
aus acquisa, Heft 12/2003, S. 11

(5) Ohl, Johannes, Elektronische Beschaffung und Outsourcing in der Warenbeschaffung - eProcurement für den Mittelstand, cav chemieanlagen + verfahren, Heft 11, 2003, S. 18
aus acquisa, Heft 12/2003, S. 11

(6) O. V., nachgefragt - "Vor lauter Vorsicht gar nichts zu tun, kostet eine Menge Geld!", Industrieanzeiger, Heft 48, 2003, S. 65
aus acquisa, Heft 12/2003, S. 11

(7) 38. BME-Symposium - Bekannte Gesicher, neue Themen
aus LOGISTIK HEUTE, Heft 12/2003, S. 54-55

(8) Preuß, Thomas, Würth Industrie Service übernimmt C-Teile-Management - Verbrauchsteile

erreichen Kunden just in time, Industrieanzeiger, Heft 43, 2003, S. 39
aus LOGISTIK HEUTE, Heft 12/2003, S. 54-55

(9) Wullenkord, Axel, Produktivitätssteigerungen in Rechnungswesen und Controlling - Outsourcing kaufmännischer Prozesse als Zukunftskonzept?, Controlling, Heft 10/2003, S. 525-531
aus LOGISTIK HEUTE, Heft 12/2003, S. 54-55

(10) Weg damit!
aus Manager Magazin, 19.12.2003, Nr. 1, Seite 108

(11) Zeitdruck führt zu Standardfehlern
aus Lebensmittel Zeitung 50 vom 12.12.2003 Seite 046

(12) Schwieriger Job Kostendruck zwingt die Unternehmen verstärkt zur Auslagerung von Bereichen wie IT, Logistik oder Personalwesen. Eine anspruchsvolle Führungsaufgabe für Manager.
aus Capital vom 08.01.2004, Seite 74

(13) O. V., "Tricky" gewinnt beim Outsourcing nur scheinbar, DVZ, Nr. 154, 30.12.2003
aus Capital vom 08.01.2004, Seite 74

(14) O. V., Angebot zur Geschäftsprozess-Auslagerung - T-Systems stellt neues Outsourcing-Modell vor, Computerwoche, 10.10.2003, Nr. 41, S. 34
aus Capital vom 08.01.2004, Seite 74

(15) O. V., Verhandlungen über einen Vertragsausstieg laufen - Daimler-Projekt mit HP

steht vor dem Aus, Computerwoche, 28.11.2003, Nr. 48, S. 12
aus Capital vom 08.01.2004, Seite 74

(16) Vendor Managed Inventory - Bestellung vollautomatisch
aus LOGISTIK HEUTE, Heft 12/2003, S. 66-67

Impressum

Outsourcing in der Beschaffung

Bibliografische Information der deutschen Nationalbibliothek

Die Deutsche Nationalbibliothek verzeichnet diese Publikation in der deutschen Nationalbiliografie; detaillierte bibliografische Daten sind im Internet über http://dnb.d-nb.de abrufbar.

ISBN: 978-3-7379-1031-6

© 2015 GBI-Genios Deutsche Wirtschaftsdatenbank GmbH, Freischützstraße 96, 81927 München, www.genios.de

Alle Rechte vorbehalten. Dieses Werk ist einschließlich aller seiner Teile – z.B. Texte, Tabellen und Grafiken - urheberrechtlich geschützt. Jede Verwertung außerhalb der Grenzen des Urheberrechtsgesetzes bedarf der vorherigen Zustimmung des Verlags. Dies gilt insbesondere auch für auszugsweise Nachdrucke, fotomechanische Vervielfältigungen (Fotokopie/Mikroskopie), Übersetzungen, Auswertungen durch Datenbanken oder ähnliche Einrichtungen und die Einspeicherung und Verarbeitung in elektronischen Systemen.